1300 REAL AND FANCIFUL ANIMALS

From Seventeenth-Century Engravings

MATTHÄUS MERIAN THE YOUNGER

Edited by Carol Belanger Grafton

DOVER PUBLICATIONS, INC.

Mineola, New York

Copyright

Copyright © 1998 by Dover Publications, Inc.
All rights reserved under Pan American and International Copyright Conventions.

Published in Canada by General Publishing Company, Ltd., 30 Lesmill Road, Don Mills, Toronto, Ontario.

Bibliographical Note

This Dover edition, first published in 1998, is a republication of selected plates from the edition of *Theatrum universale omnium Animalium* published in 1718 in Amsterdam by R. & G. Wetstenios, in two volumes. The Publisher's Note is new.

DOVER *Pictorial Archive* SERIES

Library of Congress Cataloging-in-Publication Data

1300 real and fanciful animals : from seventeenth-century engravings / Matthäus Merian the Younger.
    p.   cm. — (Dover pictorial archive series)
    Selected plates from Theatrum universale omnium animalium, piscium, avium, quadrupedum . . . written by John Johnston and Heinrich Ruysch and published in 1718 in Amsterdam by R. & G. Wetstenios.
    Includes index.
    ISBN 0-486-40237-1 (pbk.)
    1. Animals in art. 2. Animals, Mythical, in art. 3. Engraving—17th century. I. Merian, Matthaeus, 1621–1687. II. Jonstonus, Joannes, 1603–1675. Theatrum universale omnium animalium, piscium, avium, quadrupedum . . . III. Series.
NE962.A5A18   1998
769'.432'09032—dc21
                                 98-16166
                                    CIP

Manufactured in the United States of America
Dover Publications, Inc., 31 East 2nd Street, Mineola, N.Y. 11501

Zebra Indica

Equus   Indicus

Equus   Hirsutus

Equus

Equus

Equus

Cantherins   Wallach

Onager Aldro

Monoceros seu Vnicornu Iubatus

Monoceros seu Vnicornu aliud

Onager

Lupus Marinus

Capra Sylvestris

Asinus

Asinus

Mulus

Bubalus

Alius Bubalus Taurus Syluester

Urus

Bifons Magnus

Bifons Iubatus

Locobardus Bifons

Ibex Sylvester Sardus

Musimona

Tragis Vel Ibex

'Rangifer

Cervus   Palmatus

Species Rangiferi Tarandus

Dama Cervus

Caprea

Alce Mas

Cervus

Hippelaphus mas

Cervus Burgundicus

Taurus Peonius

Alces

Alcæ Species

Capra Strephiceros

Eale

Alicorn

Camelo par.lus ſeu Gierafra

Camolo –   *pardalus*

RHINOCEROS

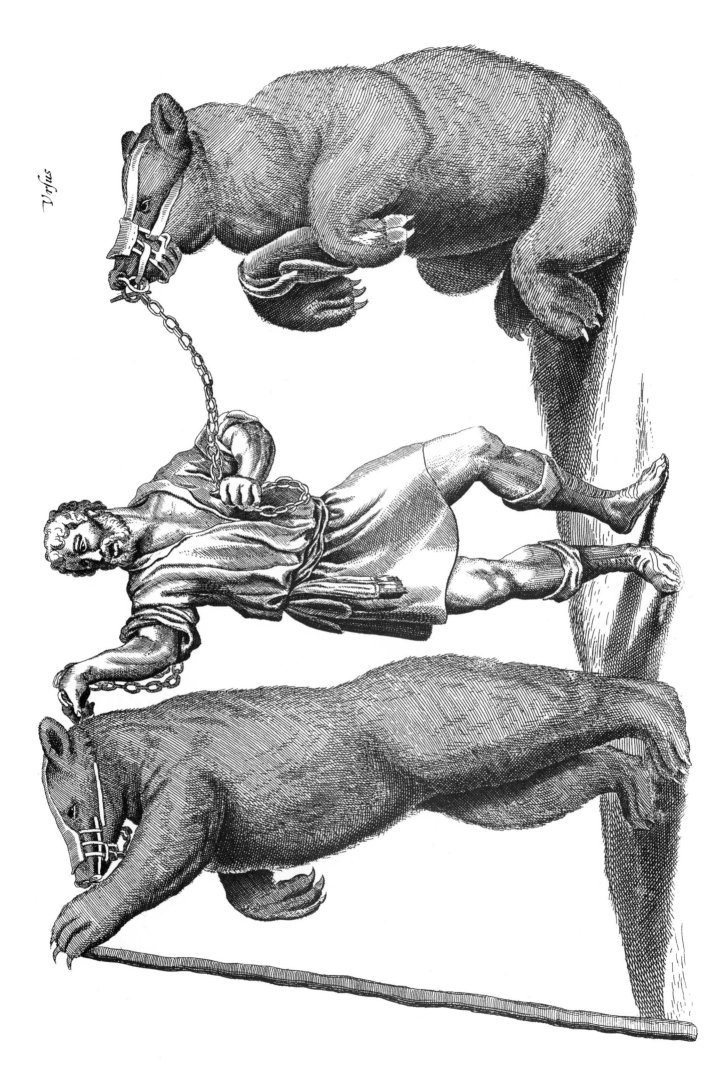

Vrfus

Dromedarius

Camelus

Camelus Bactrianus seu Dromedarius

Camelus

Camelus

Verres

Aper

Scrofa

Grijphus

Grijps

Hippopotamus

Hippopotamus

Elephas

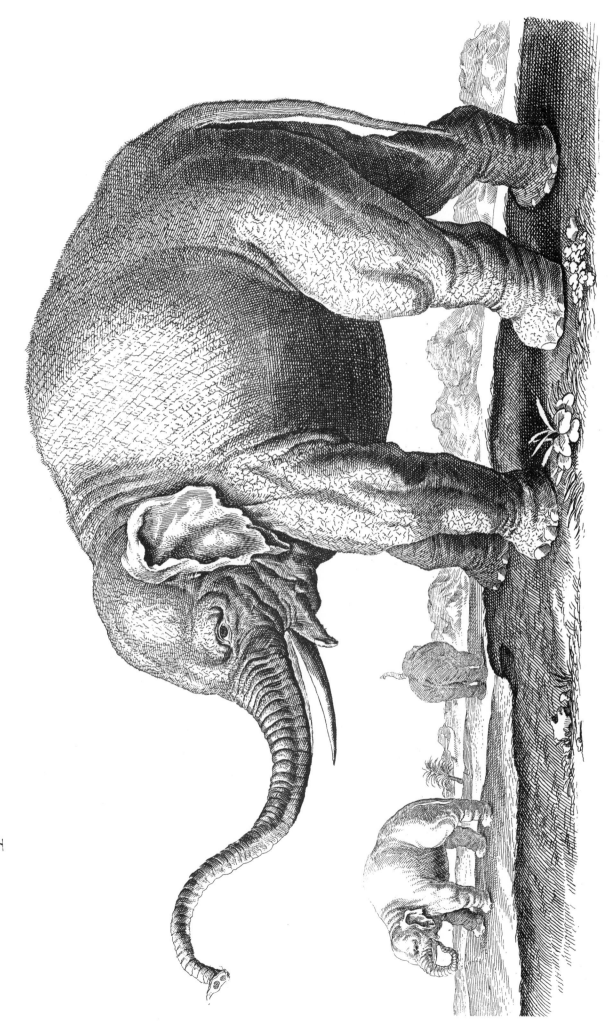

Elephas

Leœna

Leo

Leucurenta

Leo Minor

Martigora

Lupus

Hyæna

Vulpes

Hyæna

Lupus Marinus

Gesneri et Bellonÿ

Hyæna

Gulo

Lupus Scÿthicus

Semivulpa

Veruex Æthiopicus

Lynx

Tigris Gesneri

Panthera

Simia 1.

Cijnocephalus 1.

Cijnocephalus 2

Simia 2

Cercopithecus

Cercopithecus

Cercopithecus Major seu Manticora

Papio   Pavion   1

Papio.   2

Cercopithecus

Cercopithecus Sagovin. Clusy

Mapach

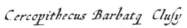

Cercopithecus Barbatq Clusy

Iguavu siue Haut Clusy

Armadillo Genus Alterum Clusy

Armadillo siue Aiatschtli

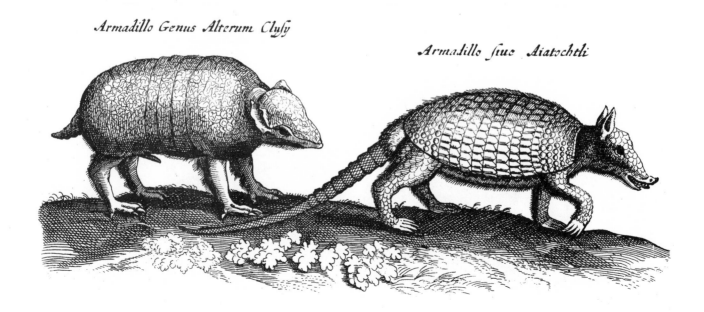

Tamandua 1

Tamandua guacu 2

Ai siue Ignavus

Tatu seu Armadillo

Aperca Cuniculi Species

Carigueia

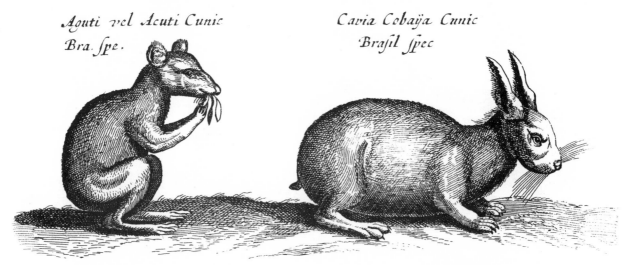

Aguti vel Acuti Cunic Bra. Spe.

Cavia Cobaija Cunic Brasil spec

Cuniculi Indus Gesneri.

Paca Cunic. Bras. Spe

Tatu Apara

Daina

Lutra

Vitulus Marinus

Lonx Lonza

Castor

Hystrix

Herinaceus

Lepus

Lepus   *Cornutus*

Cuniculus porcellus Indicus

Felis Domestica   *Felis Sylvestris*

Felis Zibetti

Genetta   *Meles vel Taxus Canin*

Lijnx

Canis Indicus 1

Canis Indi. 2

Canis Venatorius

Canis Leporarius

Canes

Canis

Hyæna Odorata Africana

Catus Zibethicus Americanus

Genitale

Vas Zibethi

Testes

Anus

Tlaquatzin

Mus Aquaticus

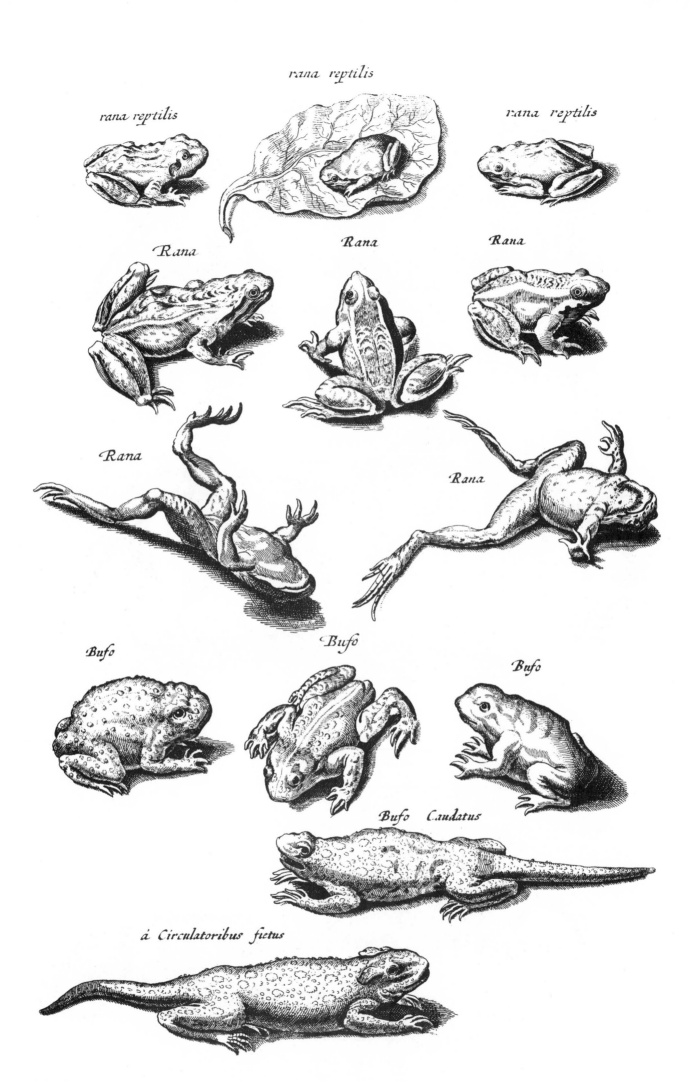

rana reptilis

rana reptilis   rana reptilis

Rana   Rana   Rana

Rana

Rana

Bufo   Bufo   Bufo

Bufo Caudatus

à Circulatoribus fictus

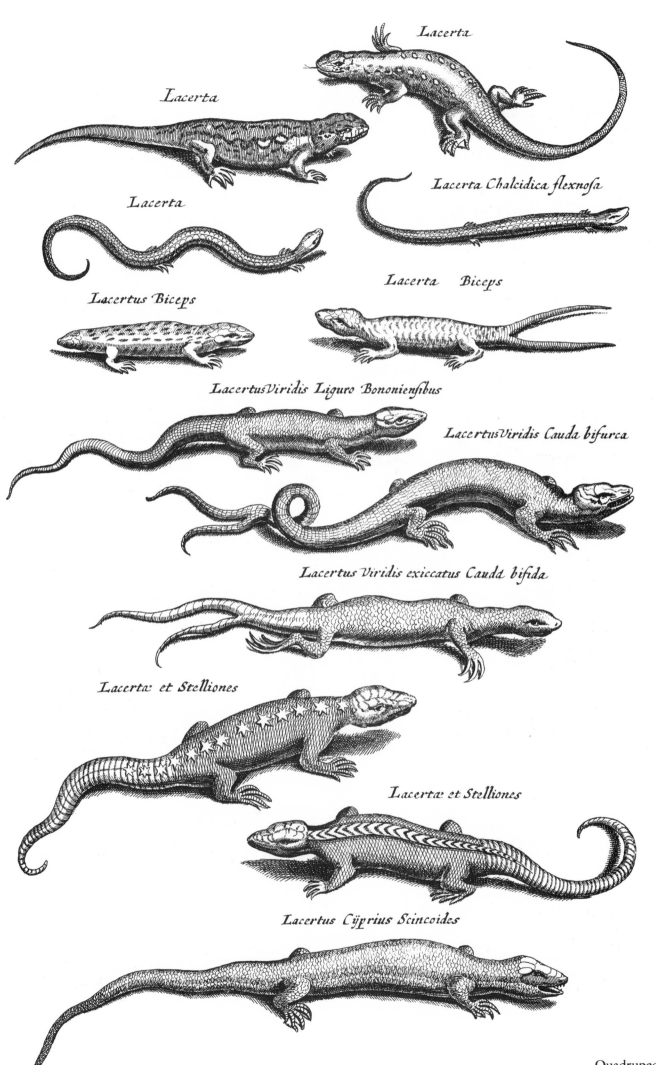

Lacerta

Lacerta

Lacerta

Lacerta Chalcidica flexnofa

Lacertus Biceps

Lacerta Biceps

Lacertus Viridis Liguro Bononienfibus

Lacertus Viridis Cauda bifurca

Lacertus Viridis exiccatus Cauda bifida

Lacertæ et Stelliones

Lacertæ et Stelliones

Lacertus Cÿprius Scincoides

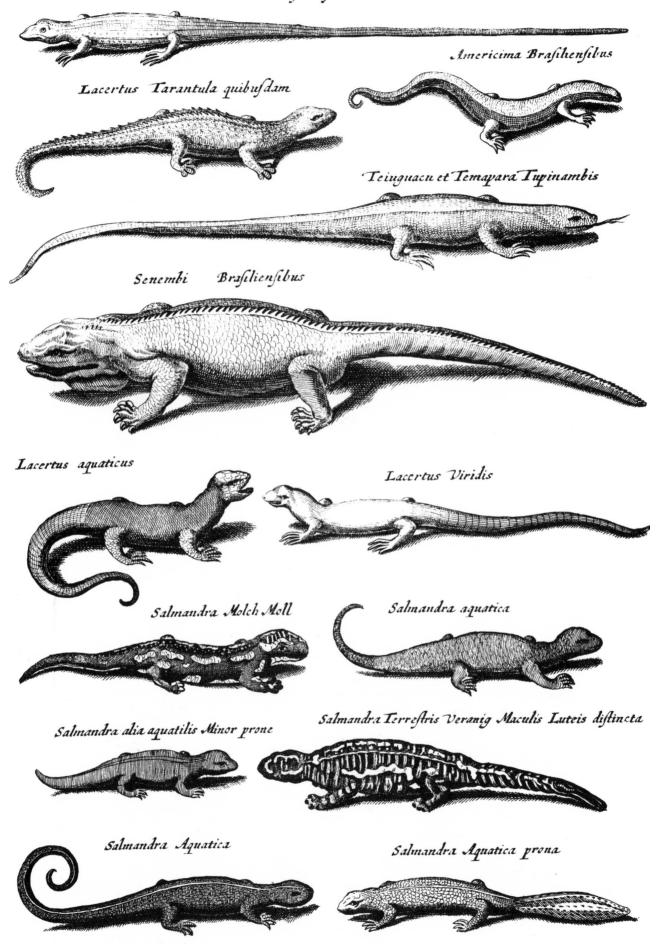

Teiunhana Brasiliensibus

Americima Brasilienfibus

Lacertus Tarantula quibusdam

Teiuguacu et Temapara Tupinambis

Senembi Brasilienfibus

Lacertus aquaticus

Lacertus Viridis

Salmandra Molch Moll

Salmandra aquatica

Salmandra alia aquatilis Minor prone

Salmandra Terreftris Veranig Maculis Luteis diftincta

Salmandra Aquatica

Salmandra Aquatica prona

Stelliones ex Matthiolo

Stellio peregina   *Scincus*

Candulus

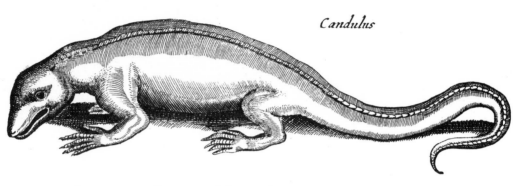

Lacertus Indicus Cordylo Similis

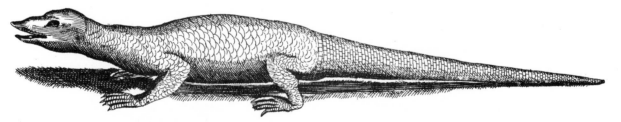

Cordylus ſiue Vromaſtix

Chamœleon niger   *Chamelon Varius*

Tatus

Testudo

Testudo   *Aquatica*

Testudo   *Marina*

Chamæleon Cinereus Verus

Chamæleon

Crocodilus

Laudiuerh

Cerastes Greuini Aldrou.

Cerastes ex Libya Aldrou.

Hæmorrhous Parei

Seps Parei

Dryinus

Elaphs

Anguis Aesculapii Vulgaris.

Anguis Aesculapii niger Aldrov.

Boicininga .

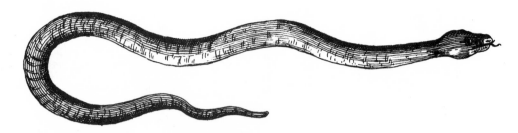

Boicininga   al-ter .

Boiguacu .

Ibiboboca .

Iararaca .

Amore pinima .

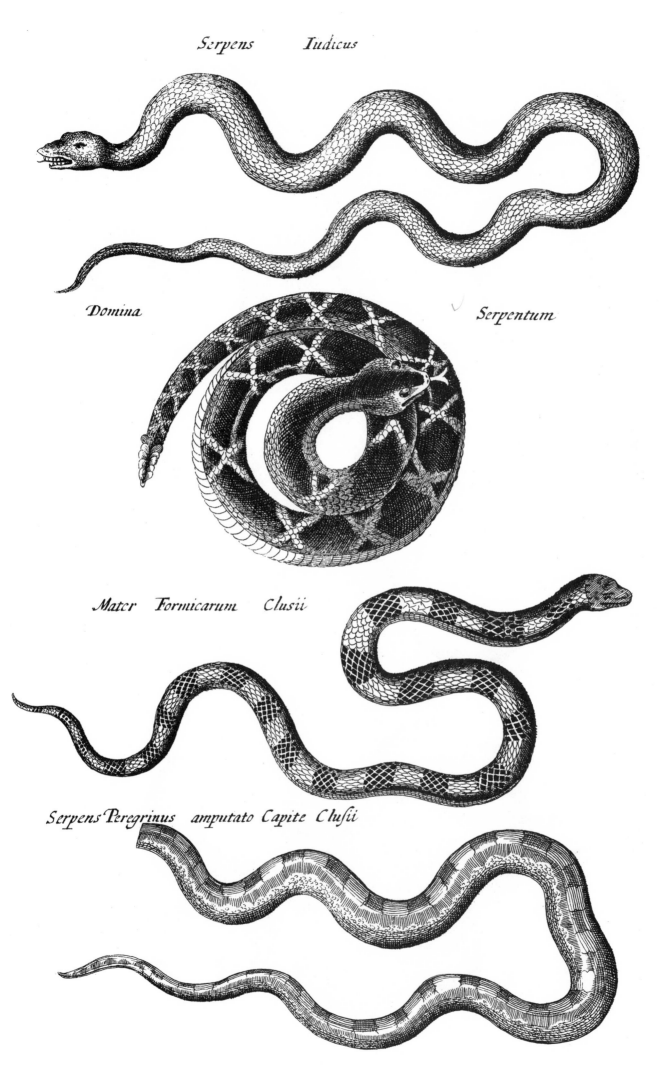

Serpens   Iudicus

Domina   Serpentum

Mater Formicarum   Clusii

Serpens Peregrinus amputato Capite Clusii

Cherſydrus Greuini Hydrus Natrix.

Natrix Torquata.

Natrix Rubetaria.

Natricis Rube- tariæ ſcelelon.

Serpens Marinus.

Serpens Marinus Mari Noruegico familiaris *Aldr*.

Serpens Marinus flaui Coloris
Maris Suedici *Aldro*.

Scolopendra Marina.
Aldro.

Scolopendra Marina amethystini Coloris *Aldr*.

Serpens Americana   Indicus.

Draco ex Raia effictus
Aldrou.

Draco alter ex Raia   *exficata concinnatus*
                            Aldro.

Basiliscus   in solitudine Africæ vivens
Aldro.

Basiliscus ex Raia   *effictus pronè et supinè pictus*
                      Aldro.

Draco bipes apteros captus in
Agro Bononiensi.

Draco alatus Apes
ex Greuino Aldro.

Figura ex Pareo.

Draco Æthiopicus.

Basiliscus. suus regulus Greuini
Aldro

Ouum galli putatum Aldro

Ouum galli natum Regii anno 1628 Aldro

Draco Apicios Greuini
Aldro.

Hydra septiceps Ges. Aldro.

Hydra Septiceps
Aldro.

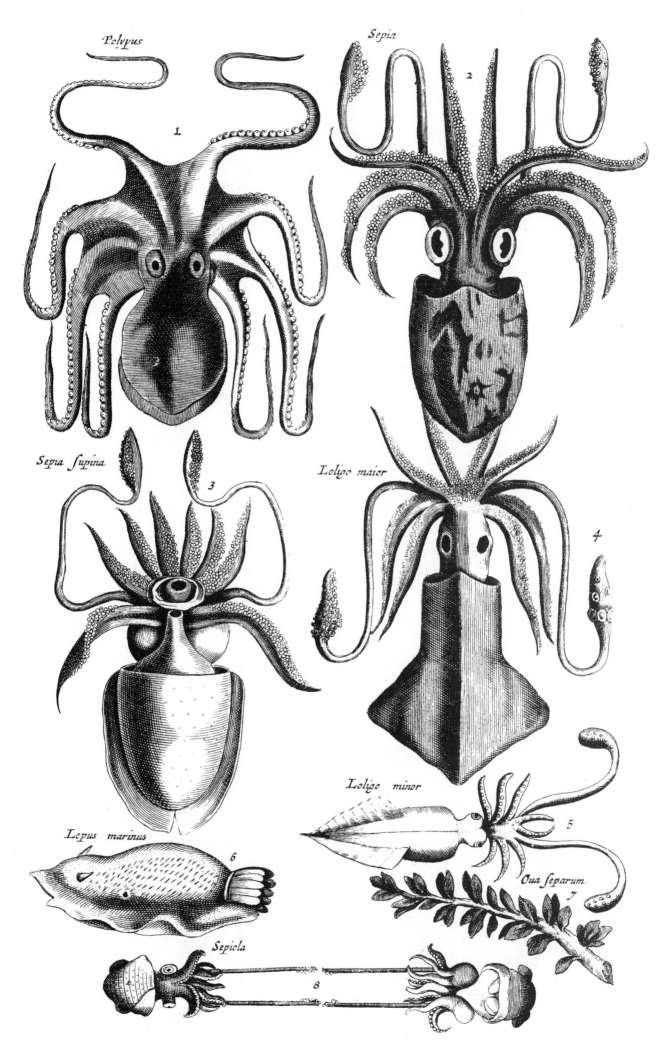

Polypus
1

Sepia
2

Sepia supina
3

Loligo maior
4

Loligo minor
5

Lepus marinus
6

Oua separum
7

Sepiola
8

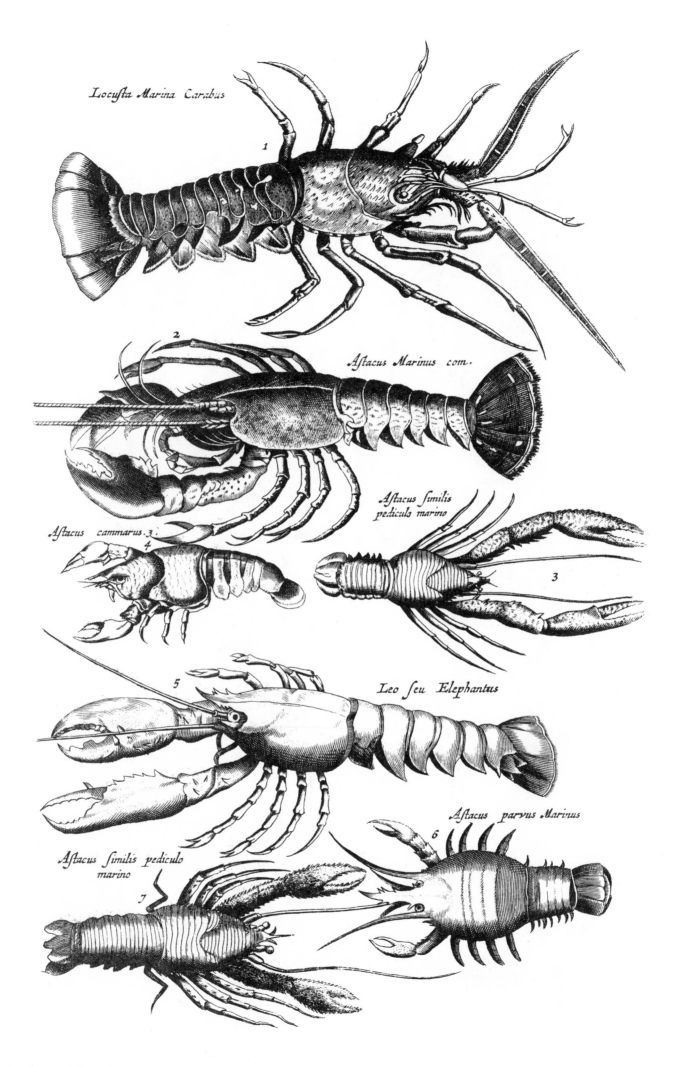

Locusta Marina Carabus

1

Astacus Marinus com.

2

Astacus similis pediculo marino

Astacus cammarus. 3.

4

3

5

Leo seu Elephantus

Astacus parvus Marinus

6

Astacus similis pediculo marino

7

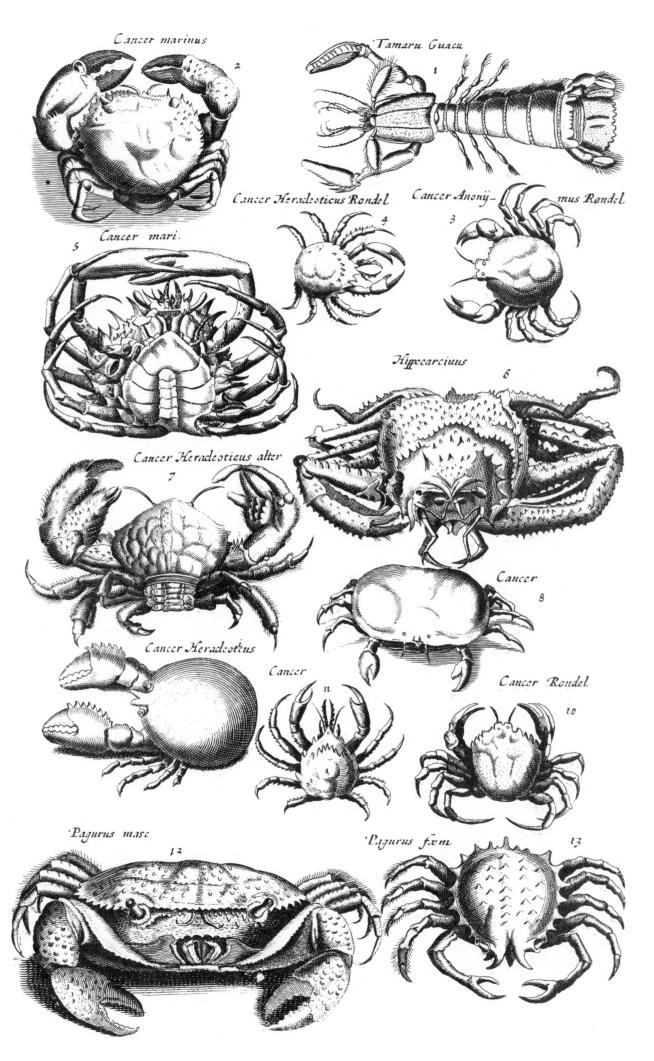

Cancer marinus

Tamaru Guacu

Cancer Heracleoticus Rondel

Cancer Anonij—   mus Rondel

Cancer mari.

Hippocarciuus

Cancer Heracleoticus alter

Cancer

Cancer Heracleoticus

Cancer

Cancer Rondel

Pagurus masc

Pagurus fœm

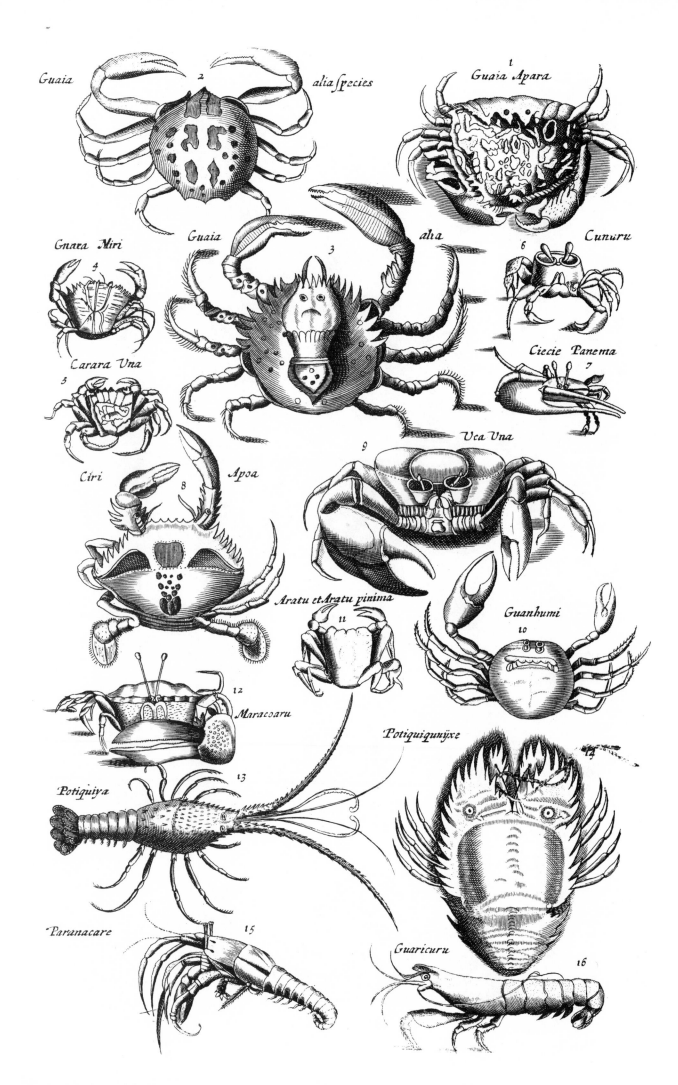

Guaia 2 alia species

Guaia Apara 1

Gnara Miri 4

Carara Una 5

Guaia 3 alia

Cunuru 6

Ciecie Panema 7

Ciri Apoa 8

Uca Una 9

Aratu et Aratu pinima 11

Guanhumi 10

Maracoaru 12

Potiquiya 13

Potiquiqunijxe 14

Paranacare 15

Guaricuru 16

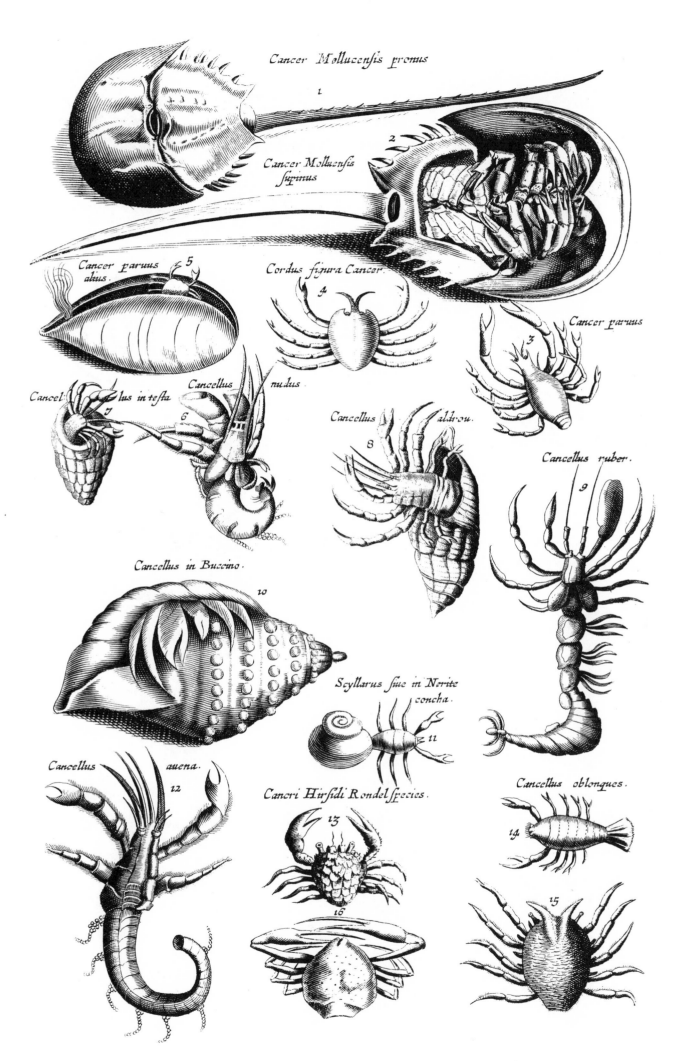

Cancer Mollucensis pronus

1

Cancer Mollucensis supinus

2

Cancer paruus alius.

5

Cordus figura Cancer.

4

Cancer paruus

3

Cancel lus in testa

7

Cancellus nudus

6

Cancellus aldrou.

8

Cancellus ruber.

9

Cancellus in Buccino.

10

Scyllarus siue in Nerite concha.

11

Cancellus auena.

12

Cancri Hirsidi Rondel species.

13

Cancellus oblonques.

14

15

16

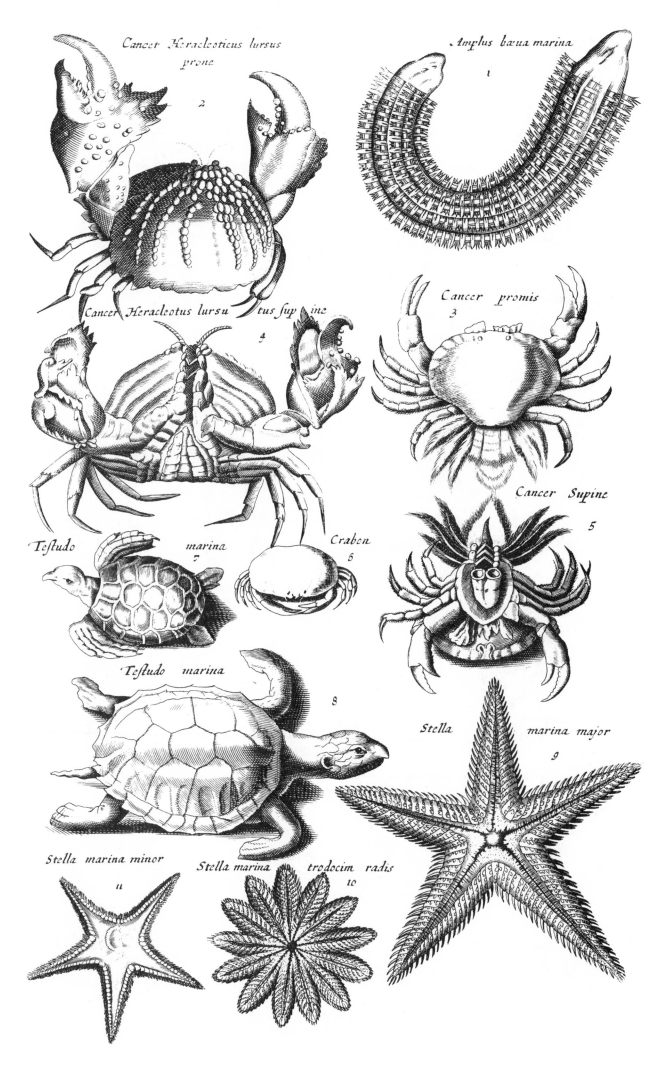

Cancer Heracleoticus lursus prone
2

Amplus bæua marina
1

Cancer Heracleotus lursu tus supine
4

Cancer promis
3

Cancer Supine
5

Testudo marina
7

Craben
6

Testudo marina
8

Stella marina major
9

Stella marina minor
11

Stella marina trodocim radis
10

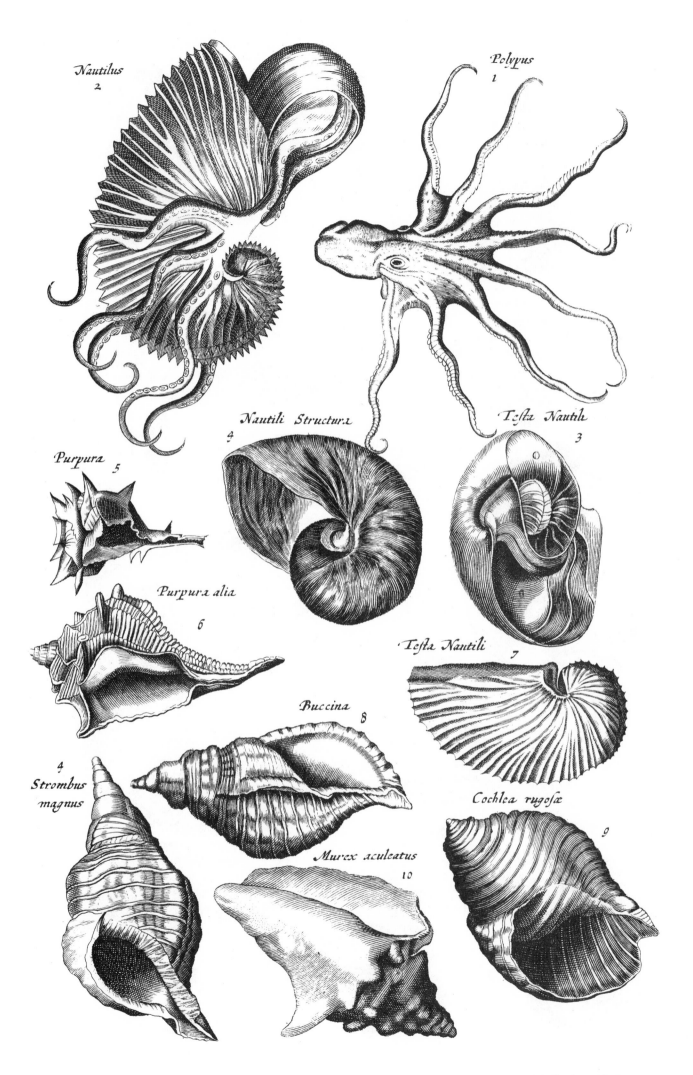

Nautilus
2

Polypus
1

Nautili Structura
4

Testa Nautili
3

Purpura
5

Purpura alia
6

Testa Nautili
7

Buccina
8

Strombus
magnus
4

Murex aculeatus
10

Cochlea rugosæ
9

Aporrhais

Murex Orientalis

Murex marmoreus Rond

Murex Coracoides

Concha Longu Rondel

Concha Altera

Concha Echionata cruda

Concha Indica polita

Turbines

Trochus Magnus

Trochus Pyramidalis

Trochi

Trochi

Turbo Magnus

Nerita Rond

Nerites

Turbo Longus

Nerites

Nerites

Cochlea rugafa et umbilicata

Cochlea crelata

Cochlea Sarmotica

Cochlea crelata cum fuo operculo

Cochlea olearia

Cochlea cylindroides alter

Cochlea cylindroides prior

Cochlea   Echinophera Rond.

Limax Marinus

Cochleæ oper. culum

Cochleæ operculum

Cochlea   depreſſa

Echinus Spatagus et Briſſus

Echinus fpohatus afuis fpinis

Echinus   integer

Echinus idem in duas

Partes   diſſectus

Musculi Aldron
3

Musculi Rondel
2

Musculus
1

Mijtuli oblongi
5   4

Mijtulus niger cum ſtrijs flauis
6

Tellina
7

Tellina 8

Tellinæ cum dentalibus

Tellinæ Cohaerentes
10

9

Tellinæ congeneres
11

Balanus marina
12

Balanus alius
13

Balani rubei
14

Balani Gÿgantis
15

Balani ſiue Polycipedes
16

Pholas

Pholas concha alia
22

Pholas Aldrovandi
19

18

Solen fæmina Rond 21

Solen maſcul Rond
20

Urtica parva Rond

Urtica Major

Urtica cinersa

Urtica minor

Urtica Rond

Urtica rubra Rond

Urticarum

Species duæ

Urtica marina   saxo innata

Urtica marina alia triplicis species

Urtica rubræ Rond

Lepori marina   Congener

Urtica Contracta Aldrou

Serpens   marinus   Norvagicus

Ophidion   Plinij

Muræna   masc.

Muræna   fæmina

Myrus alter siue Serpens rubescens

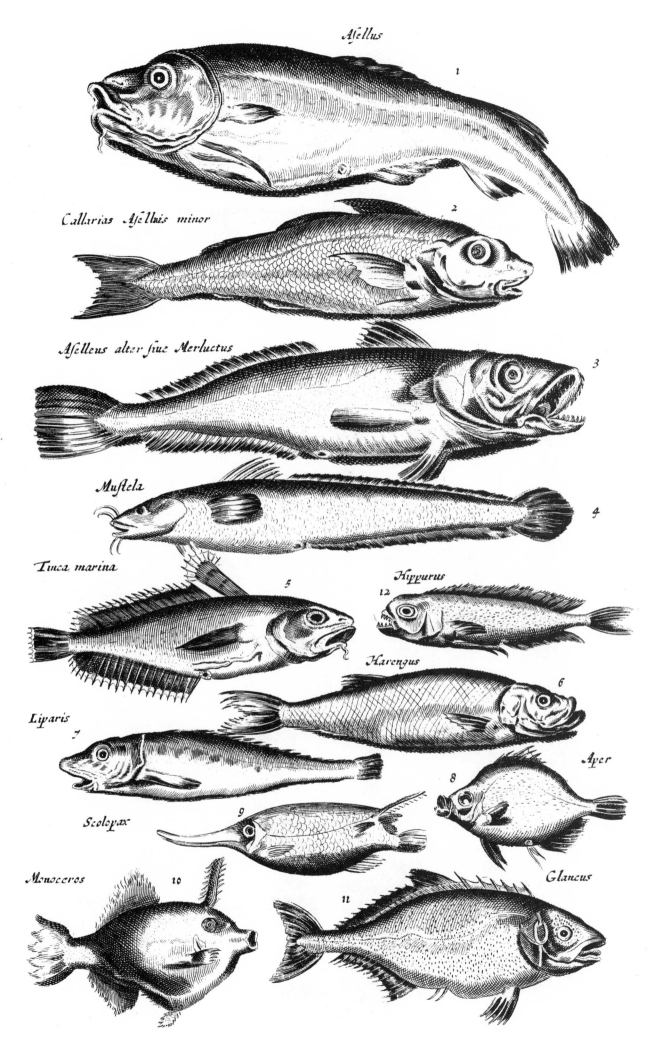

Asellus

1

Callarias Asellus minor

2

Asellus alter siue Merluctus

3

Mustela

4

Tinca marina

5

Hippurus

12

Harengus

6

Liparis

7

Scolopax

9

Aper

8

Monoceros

10

11

Glaucus

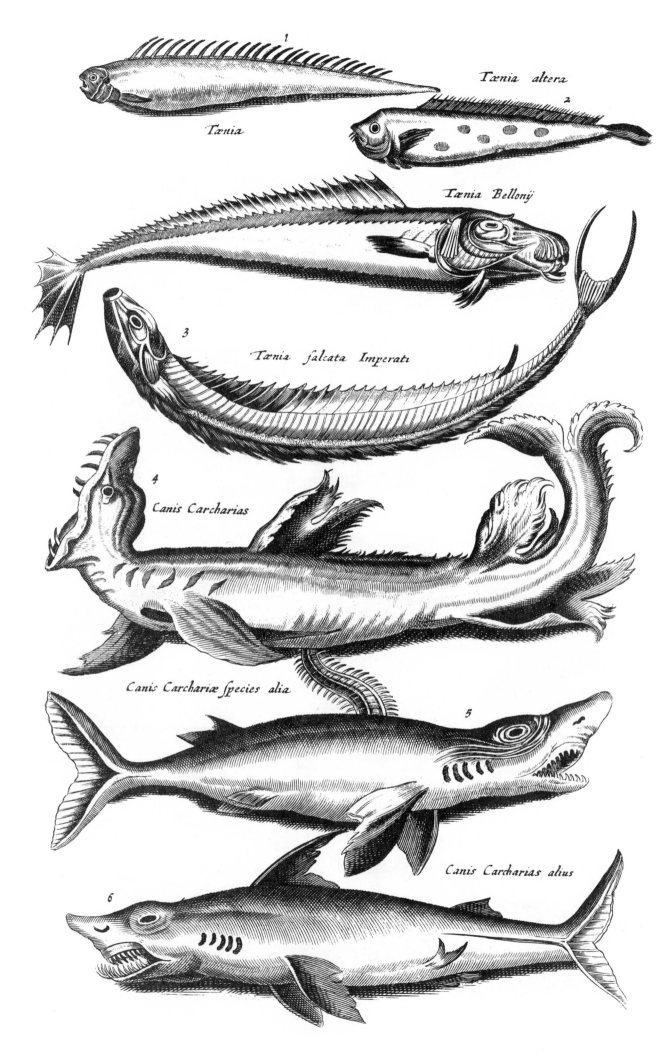

Tænia altera

Tænia

Tænia Bellonij

Tænia falcata Imperati

Canis Carcharias

Canis Carchariæ species alia

Canis Carcharias alius

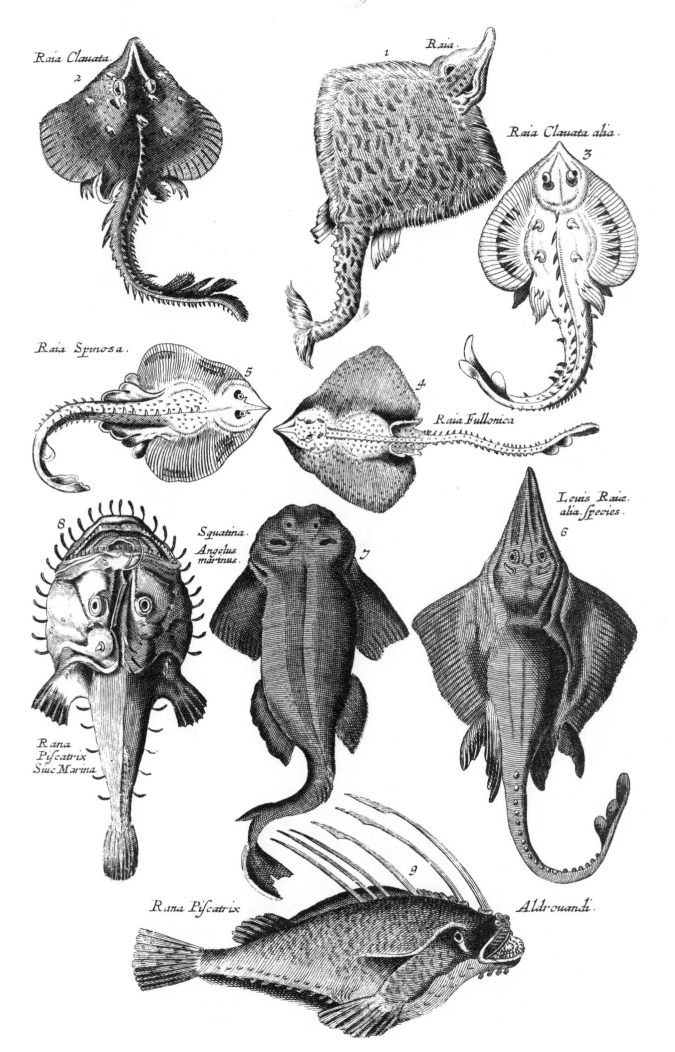

Raia Clauata.

2

1 *Raia.*

Raia Clauata alia.

3

Raia Spinosa.

5

Raia Fullonica

4

Leuis Raiæ. alia species.

6

8

Squatina Angelus marinus.

7

Rana Piscatrix Siue Marina

Rana Piscatrix

9

Aldrouandi.

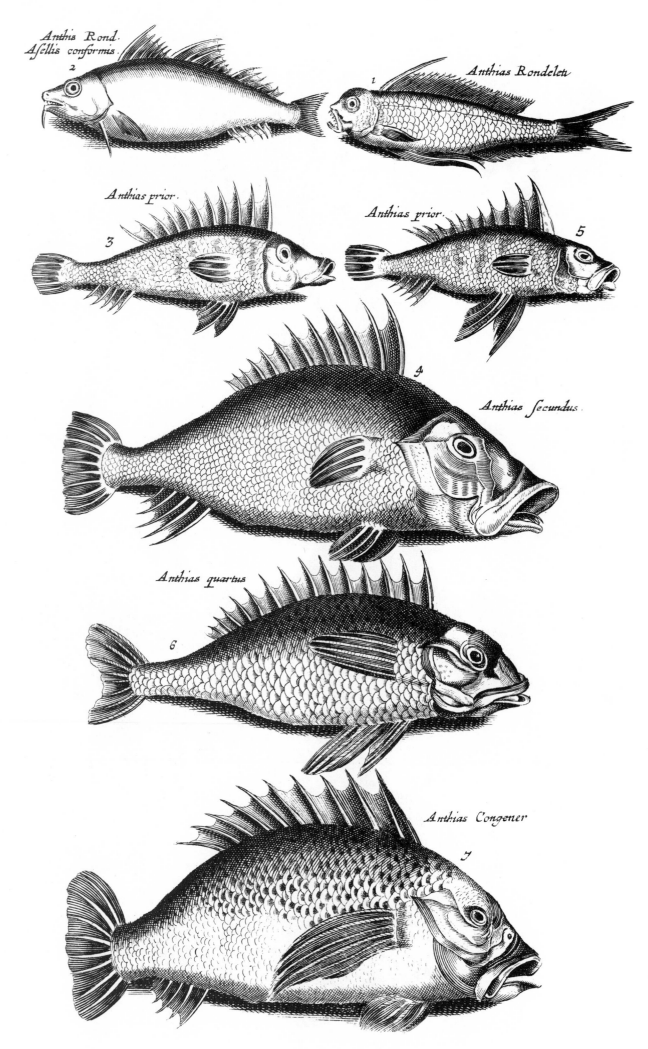

Anthis Rond.
Asellis conformis.
2

Anthias Rondeleti
1

Anthias prior.
3

Anthias prior.
5

Anthias secundus.
4

Anthias quartus
6

Anthias Congener
7

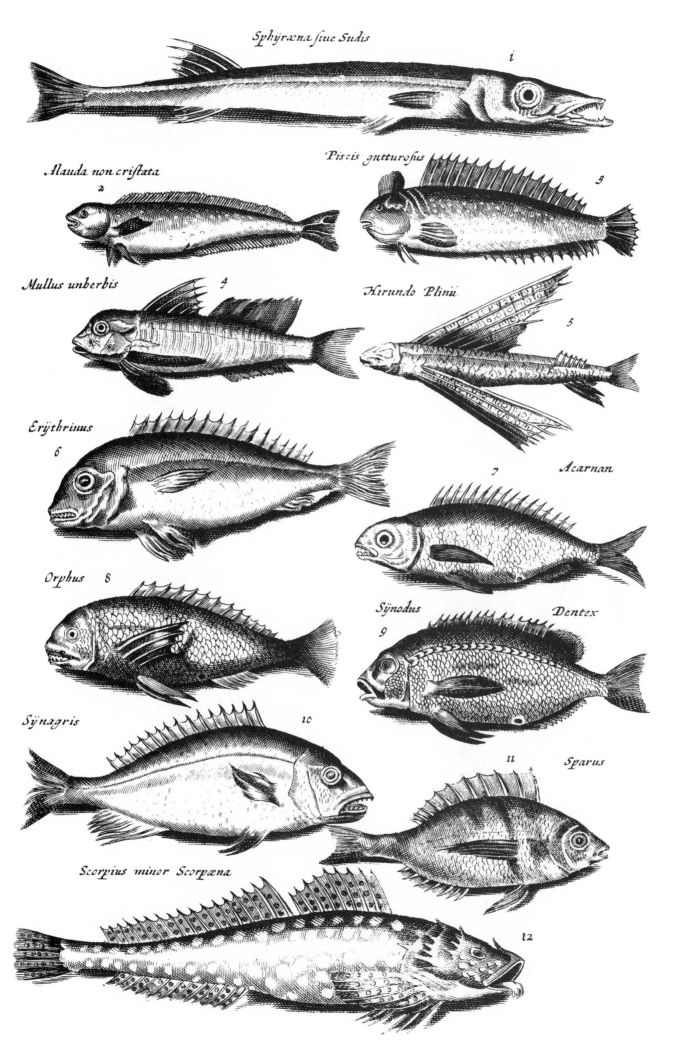

Sphÿræna ſiue Sudis

1

Piscis gutturoſus

3

Alauda non criſtata

2

Mullus unberbis

4

Hirundo Plinii

5

Erÿthrinus

6

Acarnan

7

Orphus 8

Sÿnodus *Dentex*

9

Sÿnagris 10

Sparus

11

Scorpius minor Scorpæna

12

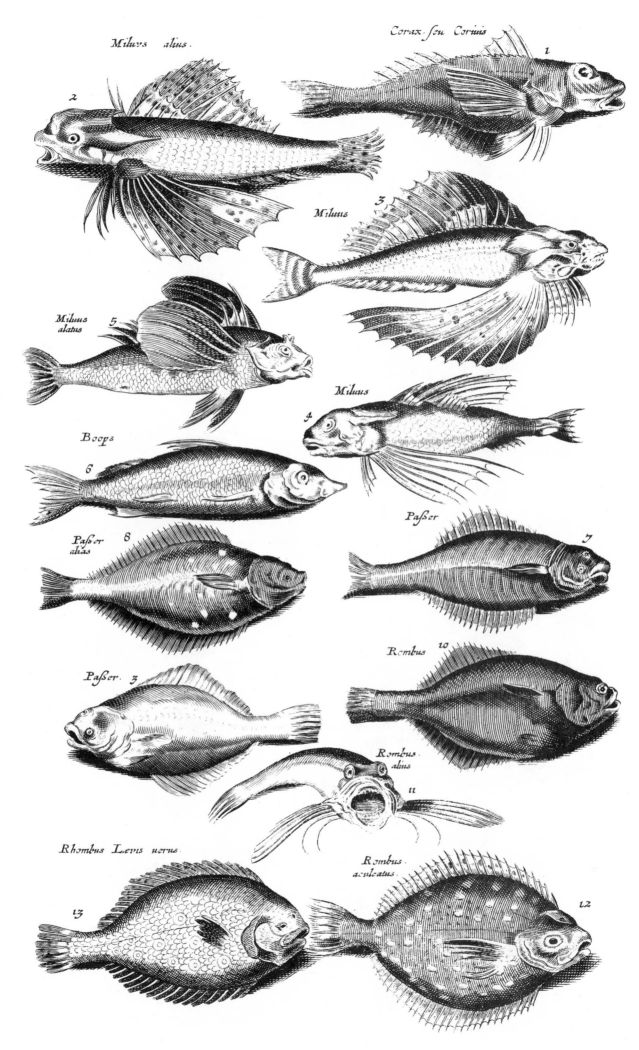

Miluus alius.

Corax. seu Coruus

Miluus

Miluus
alatus

Miluus

Boops

Paſſer

Paſſer
alias

Paſſer. 3

Rombus

Rombus.
alius

Rhombus Lævis uerus

Rombus
aculeatus

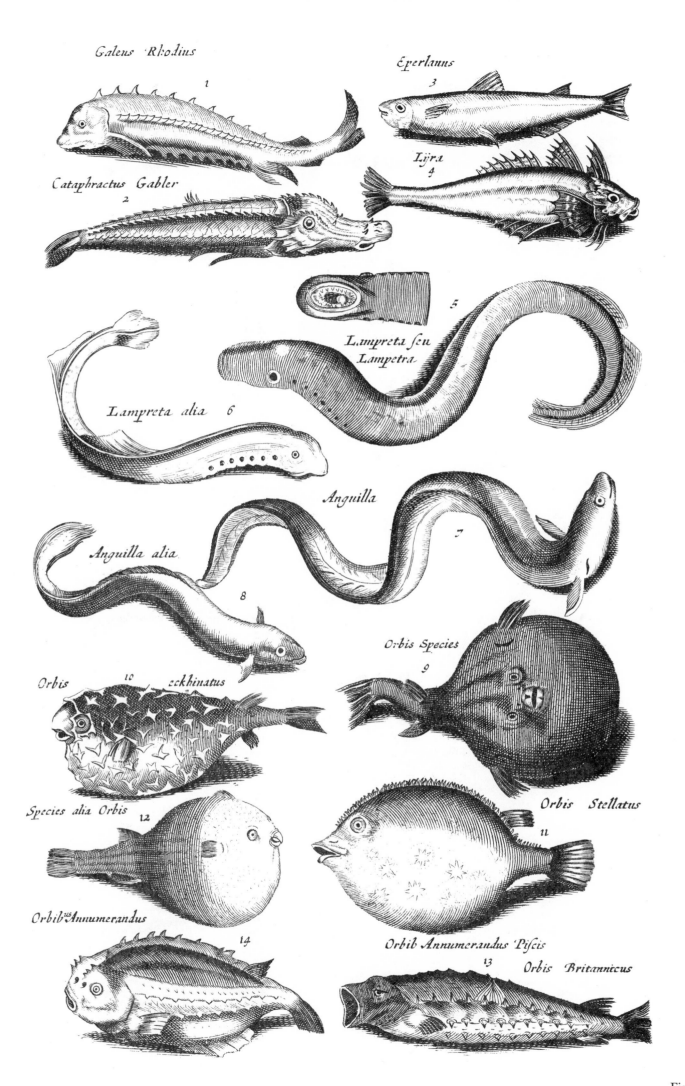

Galeus Rhodius
1

Eperlanus
3

Cataphractus Gabler
2

Lijra
4

5

Lampreta seu
Lampetra

Lampreta alia   6

Anguilla
7

Anguilla alia

8

Orbis Species
9

Orbis   10   eckhinatus

Orbis   Stellatus

Species alia Orbis
12

11

Orbib.us Annumerandus

14

Orbib Annumerandus Piscis
13   Orbis Britannicus

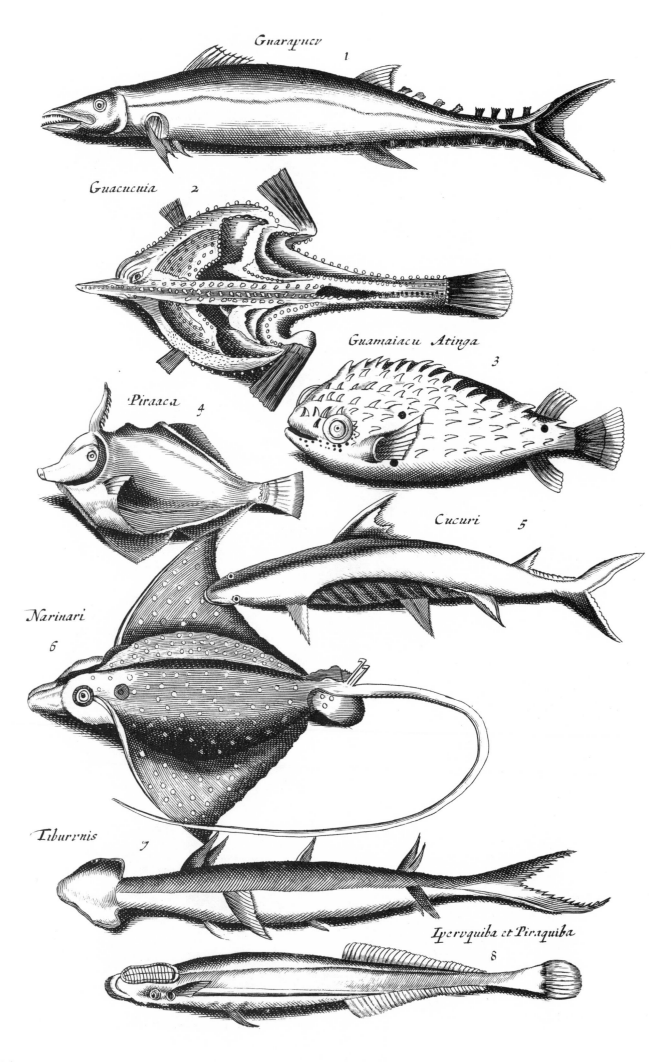

Guarapucv 1

Guacucuia 2

Guamaiacu Atinga 3

Piraaca 4

Cucuri 5

Narinari 6

Tiburvnis 9

Ipervquiba et Piraquiba 8

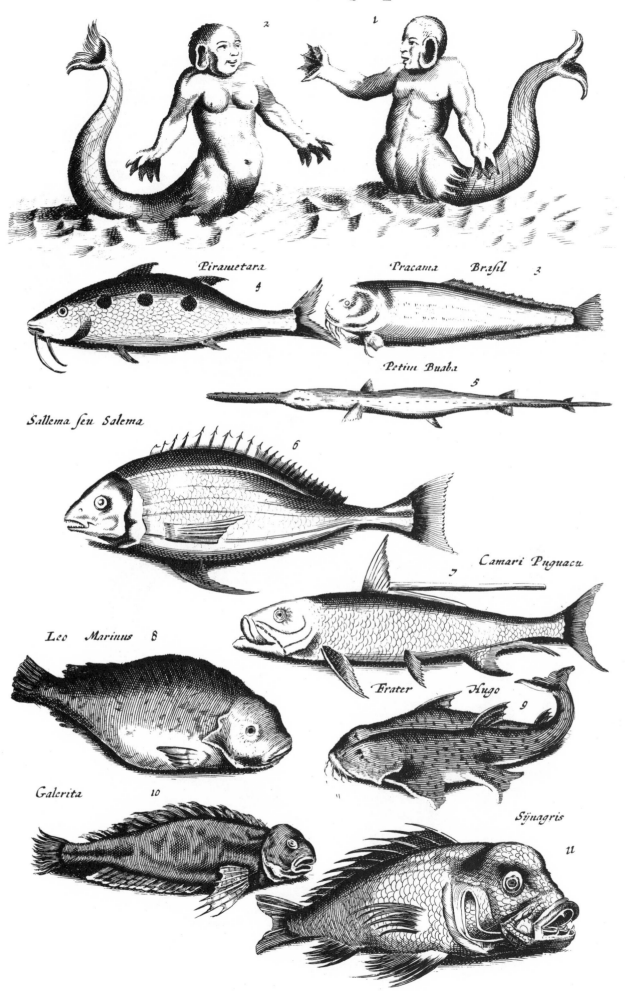

Anthro pomorphos

Pirametara

Pracama   Brasil   3

Petim Buaba   5

Sallema seu Salema   6

Camari Puguacu   7

Leo   Marinus   8

Frater   Hugo   9

Galerita   10

Sÿnagris   11

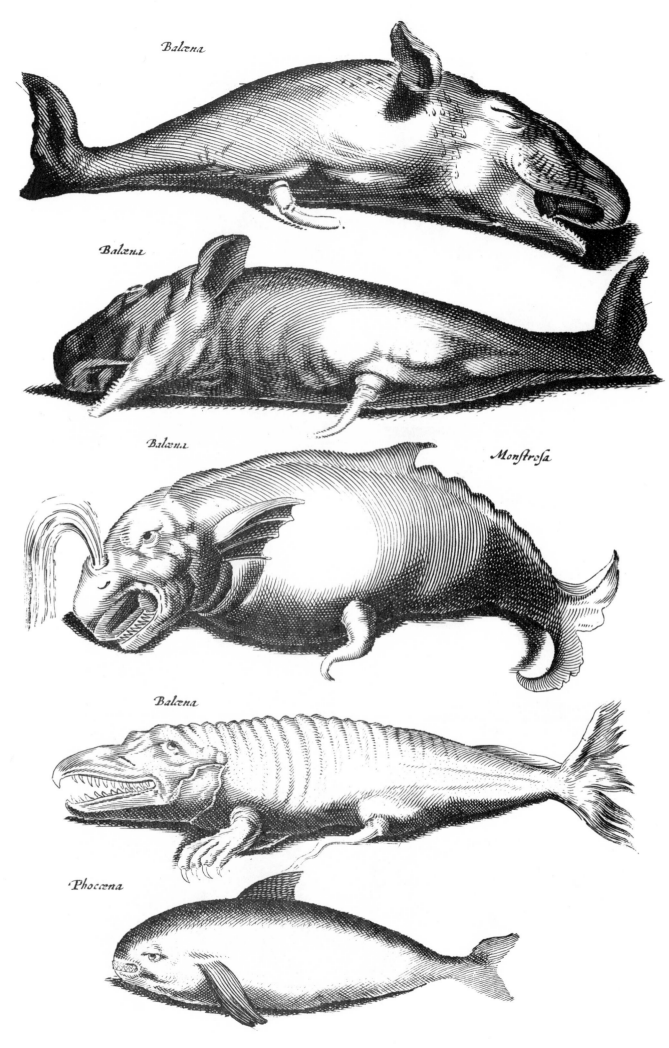

Balæna

Balæna

Balæna

Monstrosa

Balæna

Phocæna

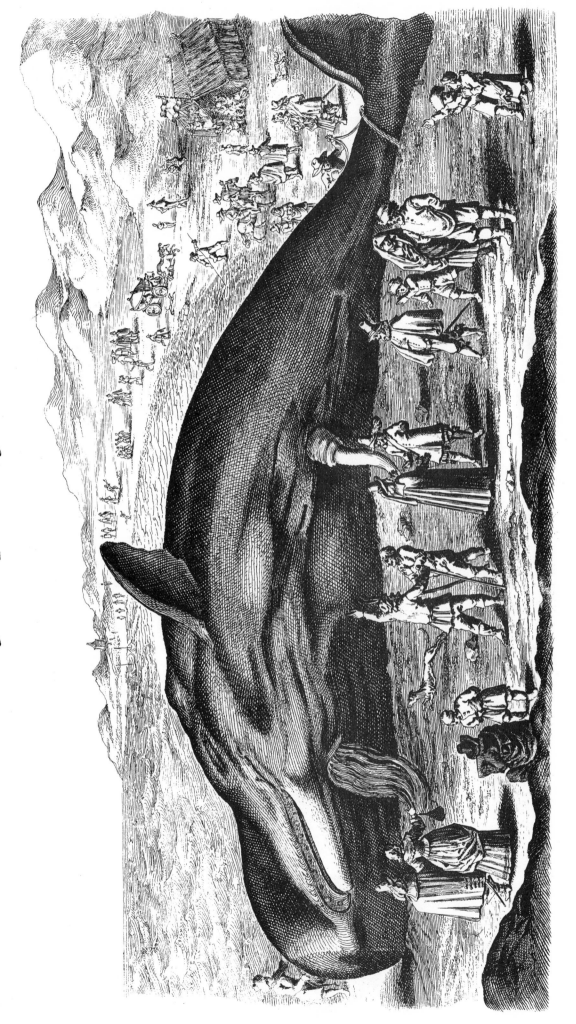

Balæna magna 60. perticas longa, 41. alta.

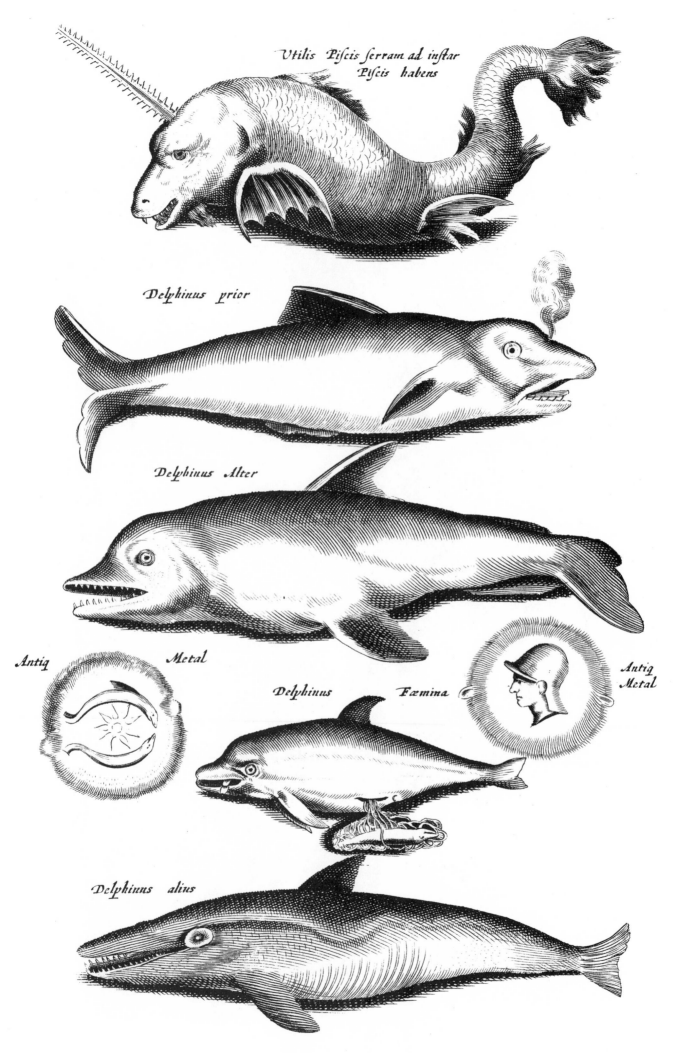

Vtilis Piscis serram ad instar
Piscis habens

Delphinus prior

Delphinus Alter

Antiq   Metal

Delphinus   Fæmina

Antiq
Metal

Delphinus alius

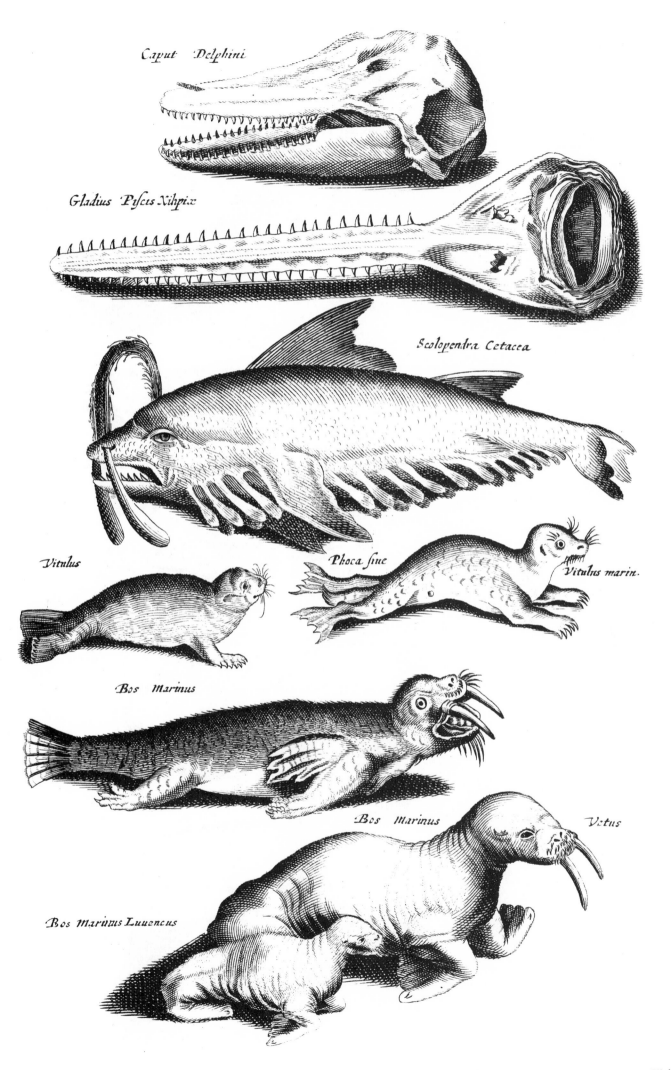

Caput Delphini

Gladius Piscis Xihpix

Scolopendra Cetacea

Vitulus

Phoca siue Vitulus marin.

Bos Marinus

Bos Marinus Vetus

Bos Marinus Luuencus

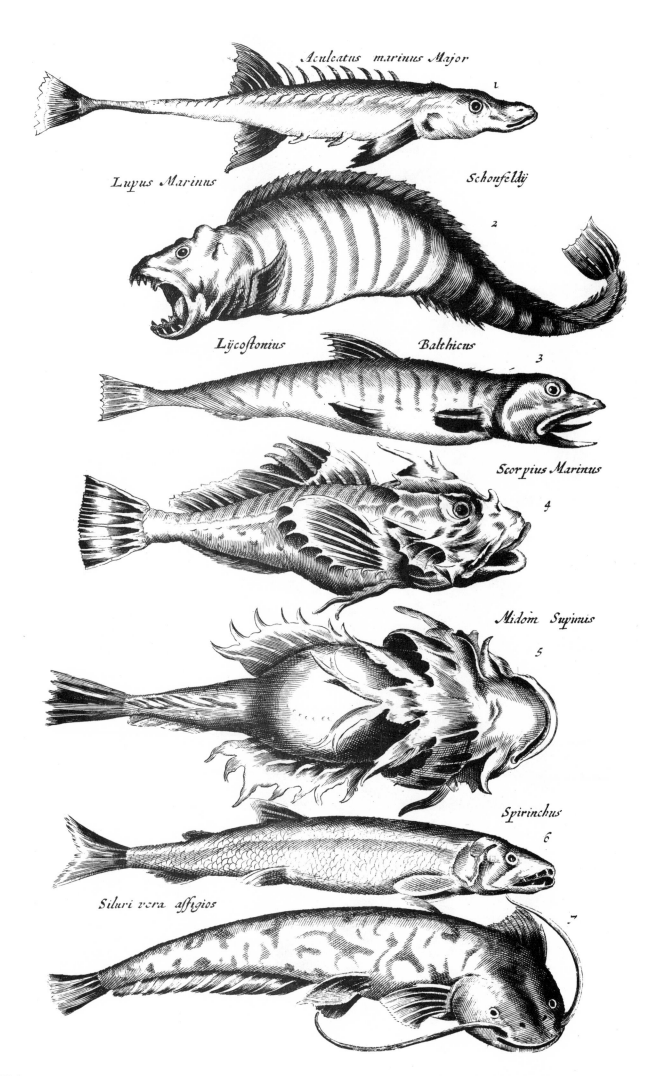

Aculeatus marinus Major

1

Lupus Marinus

Schonfeldij

2

Lijcostonius

Balthicus

3

Scorpius Marinus

4

Midom Supinis

5

Spirinchus

6

Siluri vera affigios

7

Aquila Geßneri

Chrysaetos Aquila

Ungula   *Aquilæ*

Morphuo Congener

Oßifrangus

Perenopteros Aquila peregrinus

Heteropus Aquilæ Species

Auis Scÿthica

Chrÿsaetos Bellonÿ

Buteo.

Goÿrani seu Boudrea Belbny

Accipiter

Aesala Falconis Species

Falco

Falco
Peregrinus

Gyr Falco.

Mirle Smirlin

Falco   Montanus

Cuculus

Tinunculus Cenchris

Cuculus Alter

Dendro Falcus

Aesalonus Accipitris Species

Lanius Minor

Lanius

Psittacus Minor

Psittacus Maior

Psittacus

Psittacus

Psittacus Viridis

Psittacus
Poikilorinchos

Pſittacus Maximus

Pſittacus Maximus alter

Pſittacus abus Criſtatus

Pſittacus viridis Melanoriuchos

Pſittacus Leucocephalos

Pſittacus Verſicolor ſiue Erÿthrocÿanos

Pſittacus Cinereus

Bubo

Bubo

Bubo

Bubo

Ulula

Asio
bubonis Species

Asio seu Otus

Asio alius seu Scops

Ulula

Ulula

Ulula

Aluco

Noctua

Strix

Saxatilis

Noctua

Ulula alia

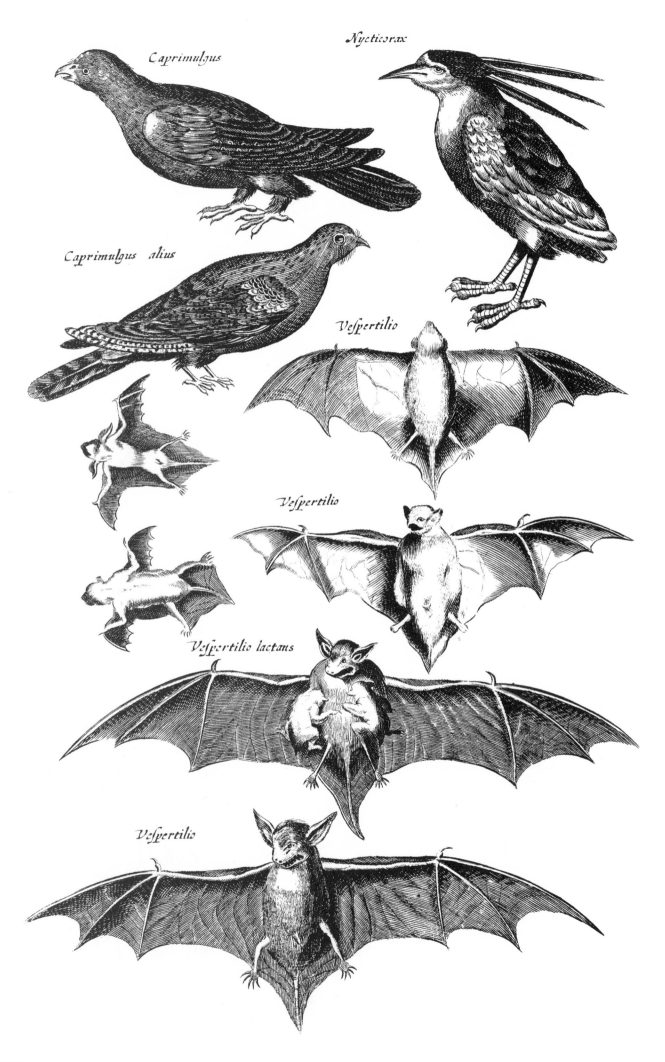

Caprimulgus

Nycticorax

Caprimulgus alius

Vespertilio

Vespertilio

Vespertilio lactans

Vespertilio

Struthocamelus

Gallus Monstrosus Caudatus

Pauo Sine cauda Chinensis

Pauo

Pauo Fæmina Cum hordes Spurio

Pfawo

Vrogallus Maior

Vrogallus seu Tetroa alius

Vrogallus minor

Grygallus Maior

Gallina Corilorum

Gallopauo Mas Cum Oryza

Gallina Indica Cum
Ouo Eius

Phasianus

Gallina Afrianæ

Phasianus

Gallina Turcica

Gallus Turcicus

Gallina Persica

Gallus Persicus

Gallus Indicus

Gallina Indica

Gallus Indicus mirabilis

Gallina Guinea

Gallus palustris

Gallina lanigera

Capo

Gallus Cornutus

Gallus Indicus

Gallina Patauina

Gallus 'Pataninus

Gallina

Gallina Piumilio

Gallus

Gallus

Fringalla

Turtur

Montifrngilla

Chalandra

Alauda non chriſtata

Fucdula

Ficedula Canabia

Cepphus

Catharacta

Phalacrocorax

Anser Baſſanus

Coruus
Sÿluaticus

Coruus aquaticus

Graculus palmipes

Mergus Rheni

Mergus Glacialis

Mergus Longiroſtrus

Mergus
Marinus

Albulus aquaticus

Mergus Belloniÿ

Anas Indica

.Anas

Anas Domesticus

Anas Cairina

Anas Libyca

Anas fera

Anas Marina

Anas

Boscas Major

Glaucion

Querquedula

Anas fusca fera

Anas Platyrinchos

Penelope

Anas Plÿrinchos

Anas fera

Anas muscaria

Ciconia

Ciconia Nigra

Ibis Bellon

Phœnicopteros

Ardea minor

Ardea Cinerea alia

Ardea Cinerea   Major

Ardea

Ardea Cinerea minor

106   Birds

Grus Balearica

Grus mas

Grus Lapponensis

Grus Crispa

Grus Balearica
Femina

Auosettæ Species

Labiru

Labiru guacu

Cariama

Vrutaurana

Guirapunga

Guara

Araracanga

Guiraru Nheengeta

Tamatia

Ipecu

Tamatia alia

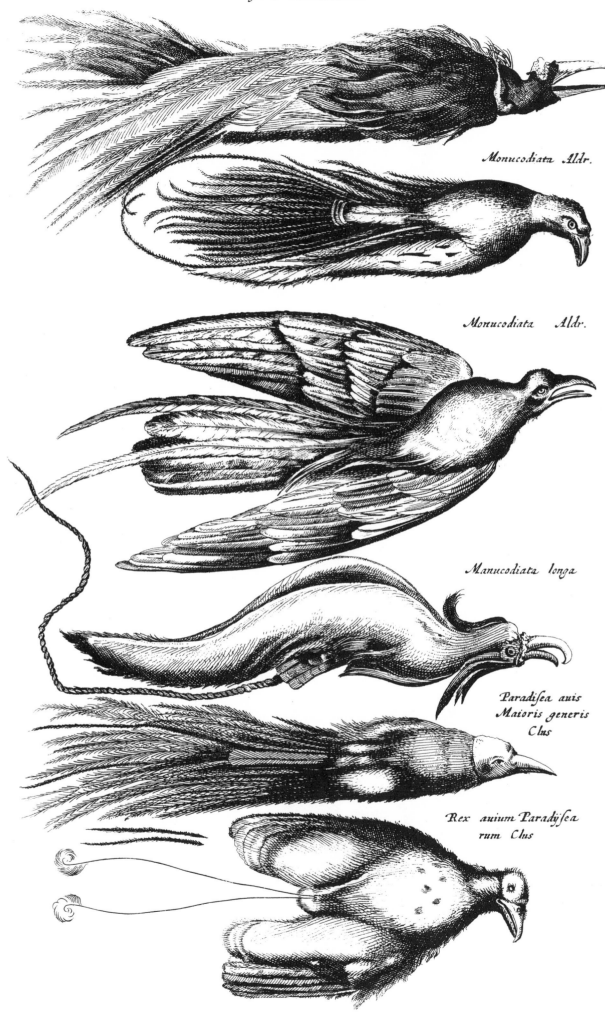

Auis Paradisia S Manucodiata

Monucodiata Aldr.

Monucodiata Aldr.

Manucodiata longa

Paradisea auis Maioris generis Clus

Rex auium Paradijsea rum Clus

Phœnix

Pelicanus

Harpija

Gryphus

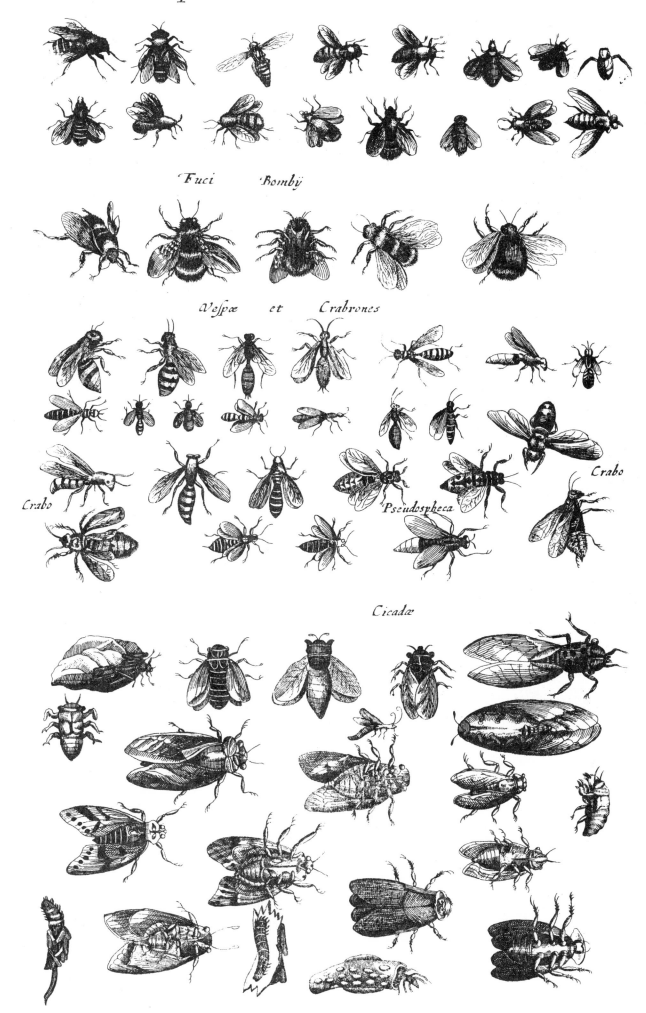

Apes

Fuci   Bombÿ

Vespæ   et   Crabrones

Crabo

Pseudospheca

Crabo

Cicadæ

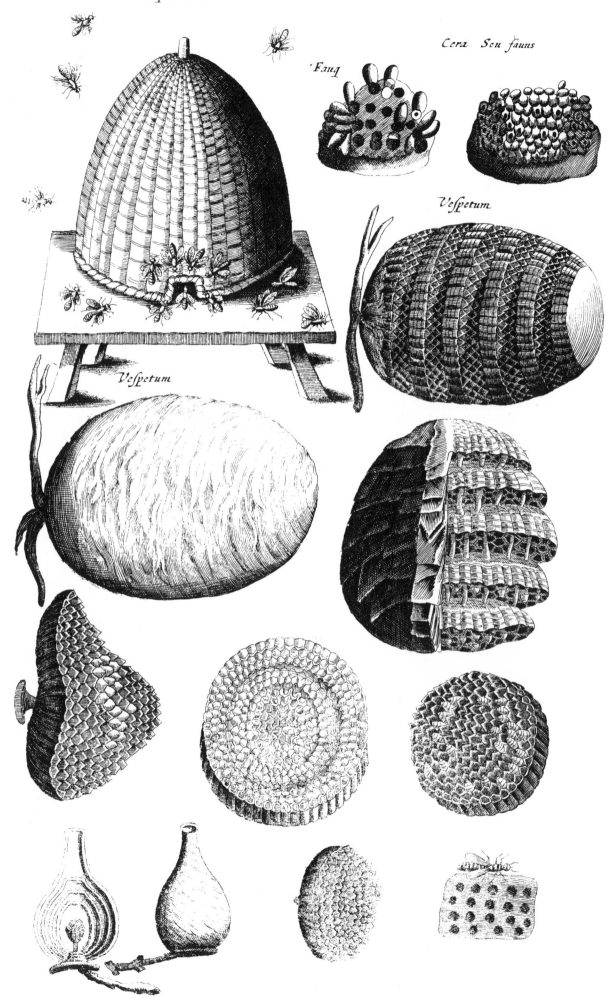

Apiarium

Fauq

Cera Seu fauus

Vespetum

Vespetum

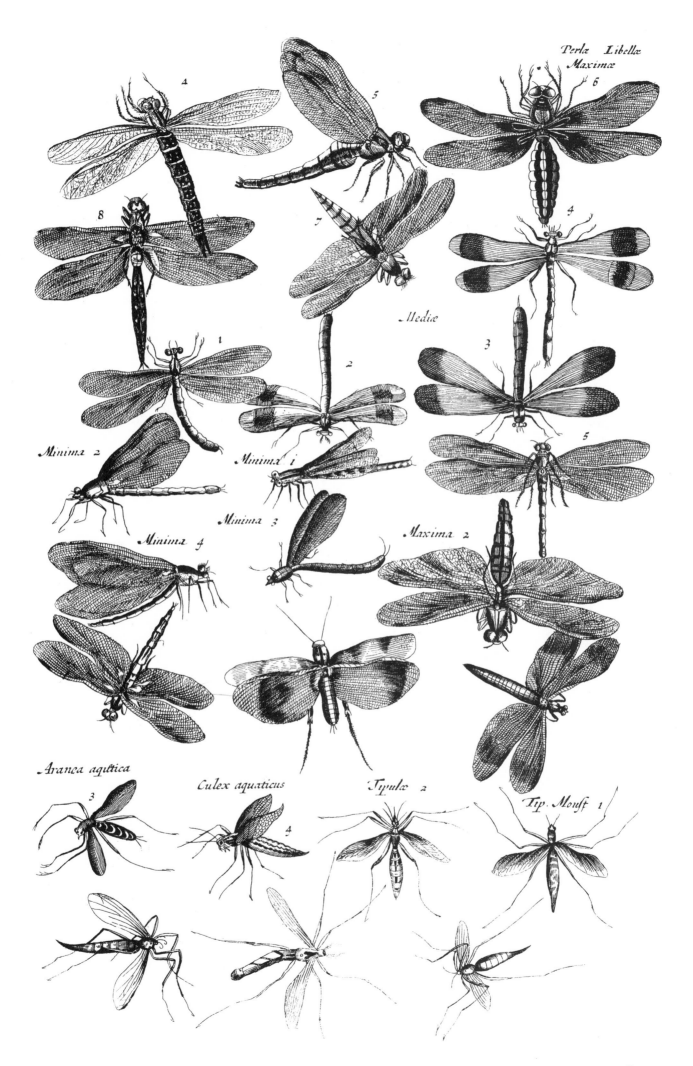

Perlæ Libellæ
Maximæ

Mediæ

Minima 2

Minima 1

Minima 3

Minima 4

Maxima 2

Aranea aquatica

Culex aquaticus

Tipulæ 2

Tip. Mouft 1

Papilio Indic.

Papiliones feu Phalænæ ex Moufeto nocturnæ.

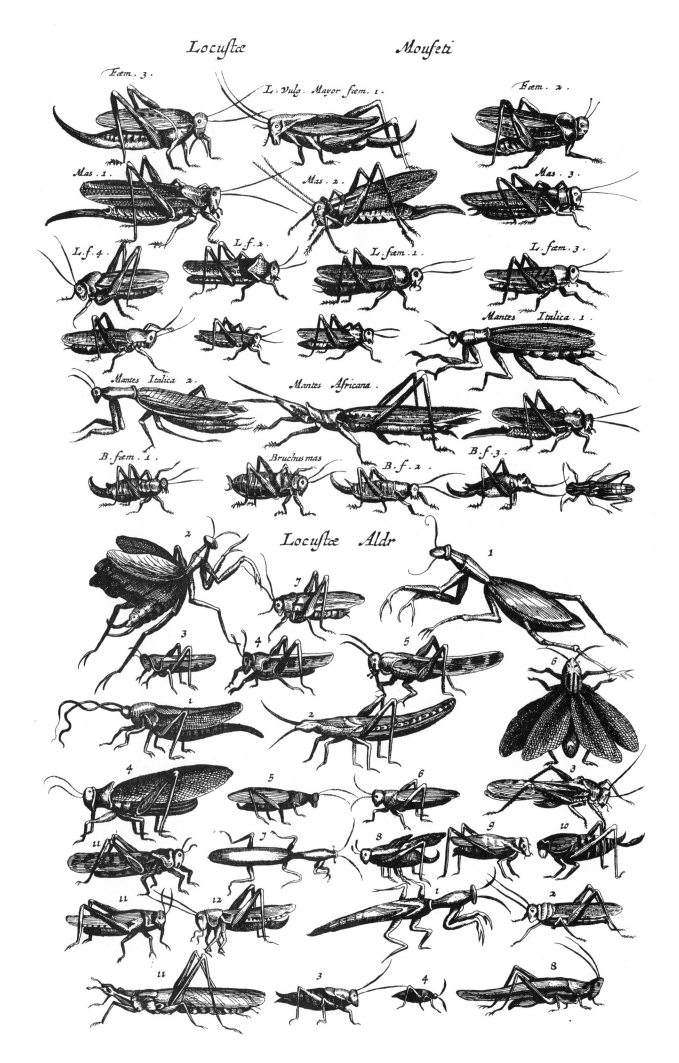

Locustæ   Moufeti

Fæm. 3.

L. Vulg. Mayor fæm. 1.

Fæm. 2.

Mas. 1.

Mas. 2.

Mas. 3.

L. f. 4.

L. f. 2.

L. fæm. 1.

L. fæm. 3.

Mantes Italica. 1.

Mantes Italica 2.

Mantes Africana.

B. fæm. 1.

Bruchus mas

B. f. 2.

B. f. 3.

Locustæ   Aldr

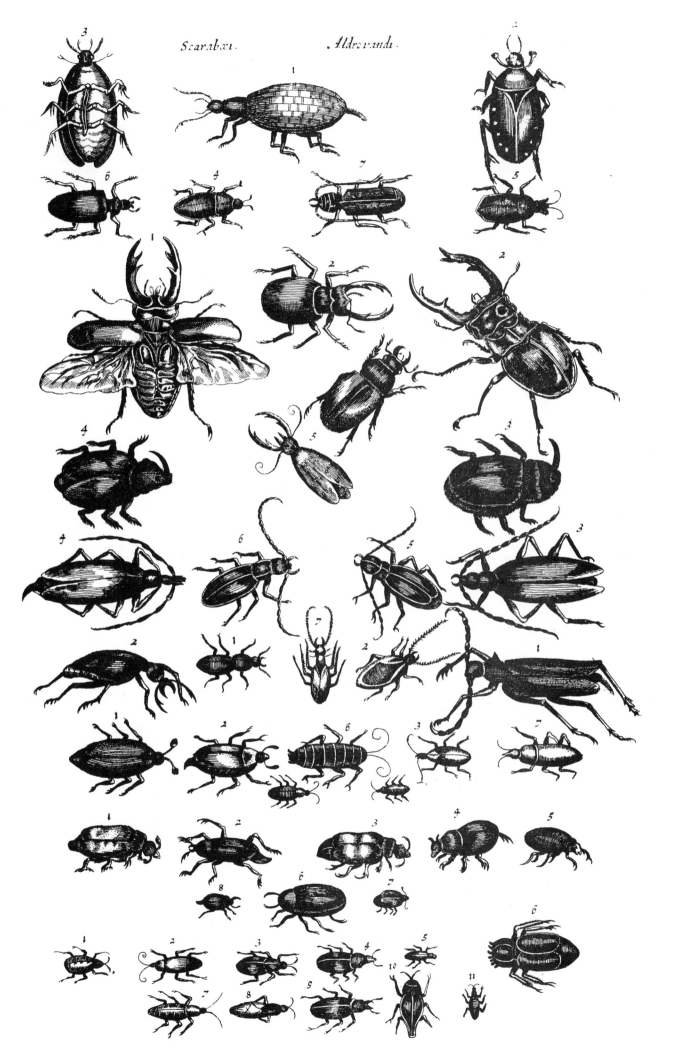

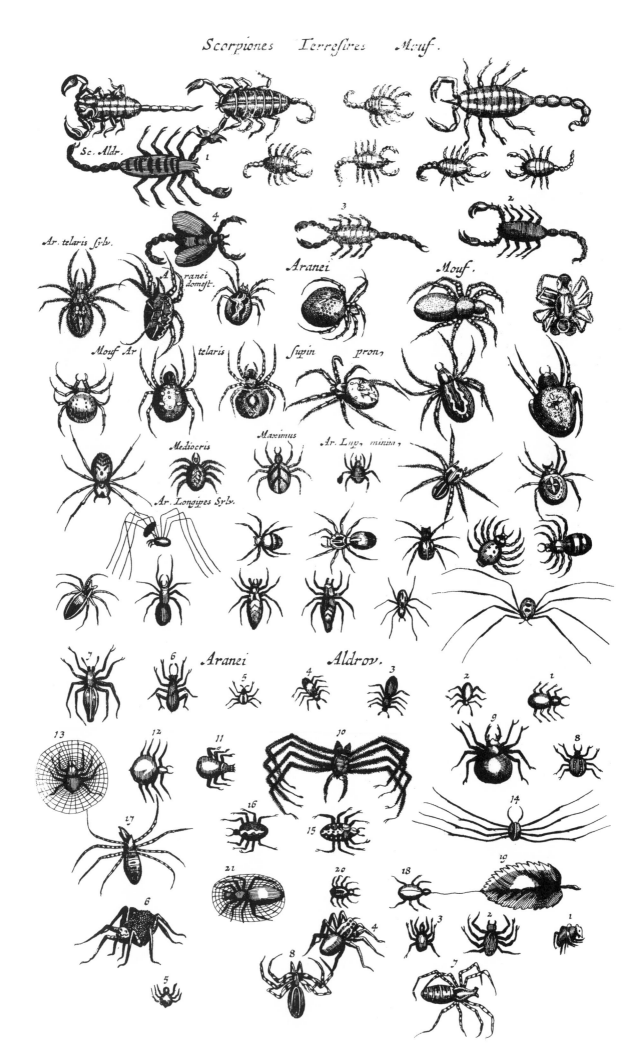

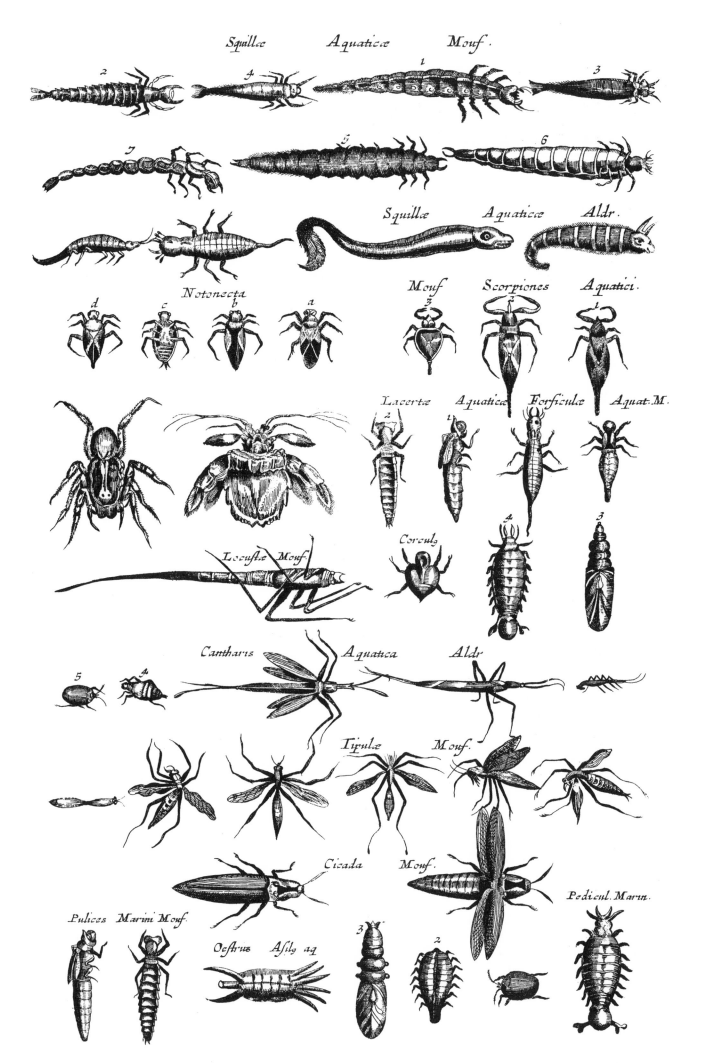

Squillæ   Aquaticæ   Mouf.

Squillæ   Aquaticæ   Aldr.

Notonecta   Mouf   Scorpiones   Aquatici.

Lacertæ   Aquaticæ   Forficulæ   Aquat. M.

Corculæ

Locustæ Mouf.

Cantharis   Aquatica   Aldr

Tipulæ   Mouf.

Cicada   Mouf.

Pulices   Marini Mouf.   Pedicul. Marin.

Oeftrus   Afilg aq

Insects   121

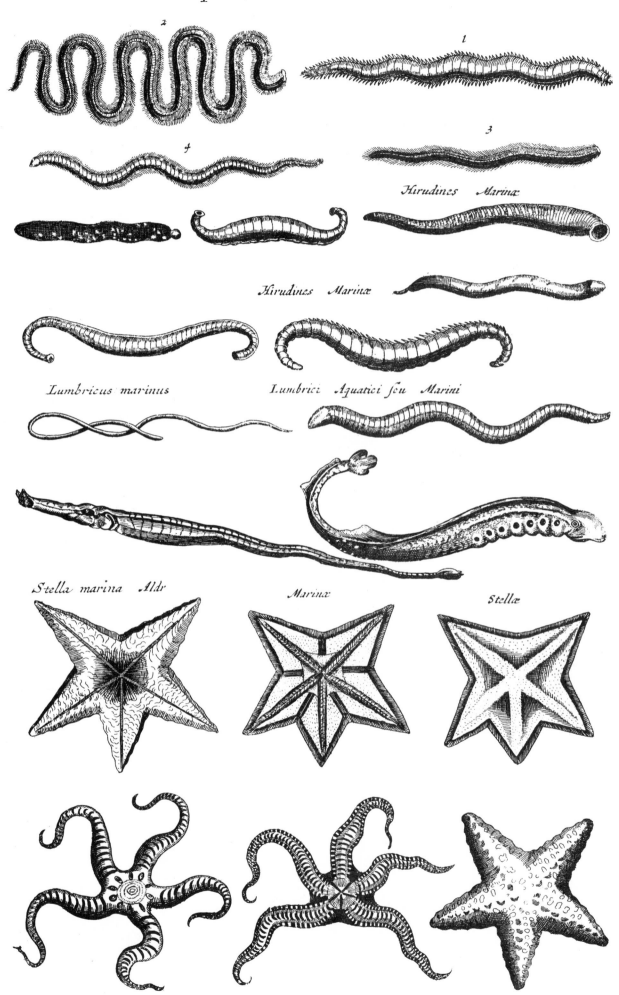

Scolopendræ   Marinæ   Aldr

Hirudines   Marinæ

Hirudines   Marinæ

Lumbricus marinus

Lumbrici   Aquatici seu   Marini

Stella marina   Aldr

Marinæ

Stellæ

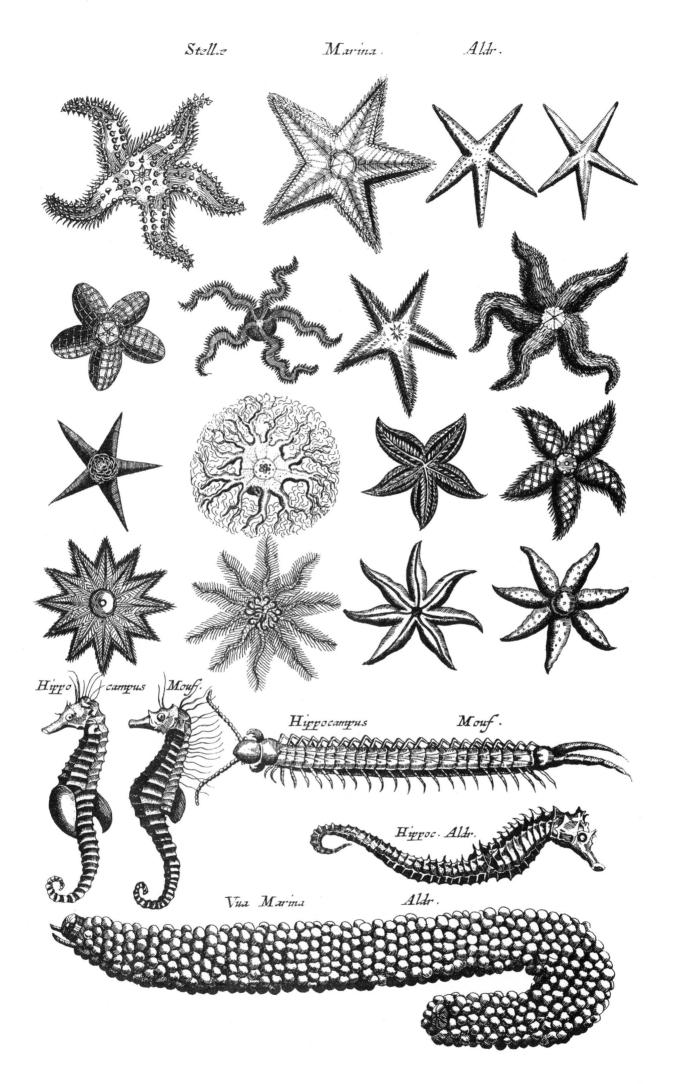

INDEX